U0039924

經典
少年遊

006

北魏孝文帝拓跋宏
民族融合的推手

T'o-pa Hung
The Champion of Ethnic Melting

繪本

故事◎林怡君
繪圖◎江長芳

中國北方有許多游牧民族，
曾經幾度攻入中原地區，
想要融入南方漢民族豐衣足食的生活。
而由鮮卑族所建立的北魏王朝，
也有同樣的想法，
不過其中北魏孝文帝不同於前人，
採取了另一種進入中原的方式……

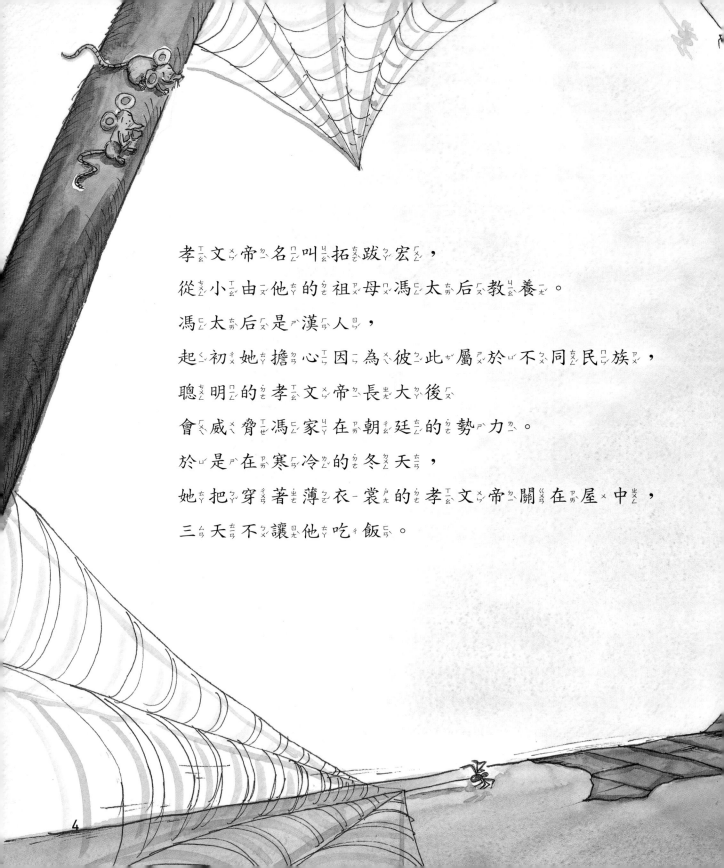

孝文帝名叫拓跋宏，
從小由他的祖母馮太后教養。
馮太后是漢人，
起初她擔心因為彼此屬於不同民族，
聰明的孝文帝長大後
會威脅馮家在朝廷的勢力。
於是在寒冷的冬天，
她把穿著薄衣裳的孝文帝關在屋中，
三天不讓他吃飯。

4

有一次，
有個宦官向馮太后說了
孝文帝的壞話。
馮太后聽完沒有去查證，
就打了孝文帝數十杖。
莫名被打的孝文帝，沒有急著解釋，
也沒有一絲抱怨，
只是默默承受太后的責打。

雖然馮太后一開始對
孝文帝並不關愛，
但是年紀小小的孝文帝
還是對她非常孝順，
終於太后放下了心防
接納了孝文帝。
從那時候起，
太后以她深厚的漢學知識
用心教養孝文帝，
希望他成為一個好皇帝。

8

受ㄕㄡˋ到ㄉㄠˋ馮ㄈㄥˊ太ㄊㄞˋ后ㄏㄡˋ的ㄉㄜ˙影ㄧㄥˇ響ㄒㄧㄤˇ，
孝ㄒㄧㄠˋ文ㄨㄣˊ帝ㄉㄧˋ的ㄉㄜ˙漢ㄏㄢˋ學ㄒㄩㄝˊ素ㄙㄨˋ養ㄧㄤˇ很ㄏㄣˇ好ㄏㄠˇ，
也ㄧㄝˇ很ㄏㄣˇ喜ㄒㄧˇ愛ㄞˋ寫ㄒㄧㄝˇ作ㄗㄨㄛˋ。

有一次他在樹林裡詩興大發，
和弟弟元颺一邊散步，
就把一首詩完成了。

馮太后不僅從生活上
灌輸許多漢人思想給孝文帝。
自從孝文帝五歲登基開始,
馮太后就臨朝協助聽政,
給予一些漢人制度的建議,
讓鮮卑族從游牧進展至農耕。
這些改革為孝文帝奠下了推行漢化的基礎。

馮太后的處政方式，
讓孝文帝明白征服漢人不能靠武力，
要靠文化的潛移默化。
在孝文帝二十四歲時，
馮太后去世了。
這讓孝文帝十分哀痛，
難過到連續五天不吃不喝，
只想為馮太后守喪。

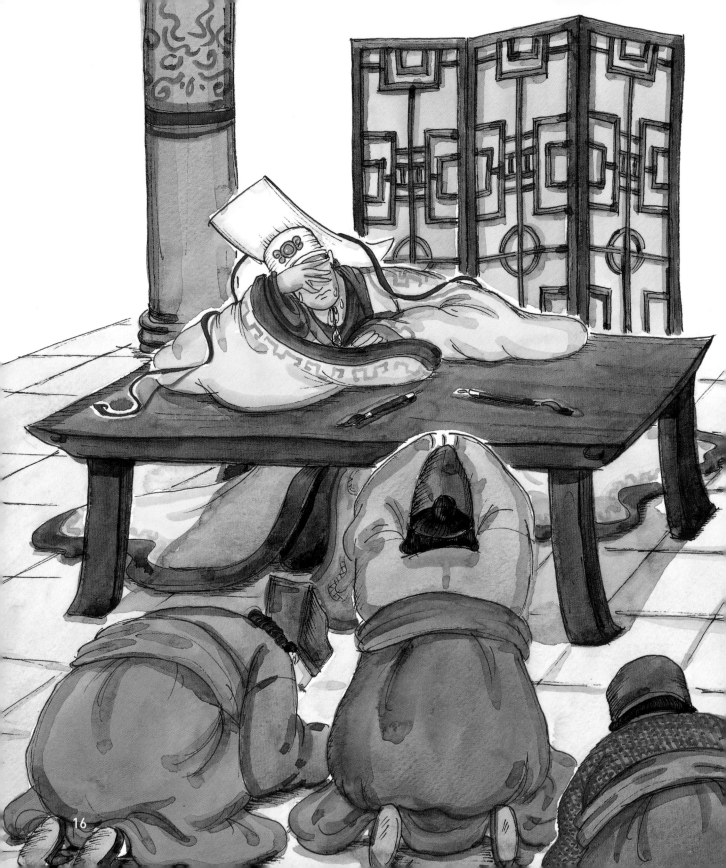

16

文武百官知道後，
連忙勸說孝文帝：
「皇上，您是一國之君，
國家發展的責任還在您身上啊！」
孝文帝因此振作起來，
決心要以馮太后教育他的觀念，
徹底在北魏進行漢化政策，
完成統一南方的心願。

孝文帝首先想要進行南征，
他找來太常卿進行卜卦，
得到了一個適合變革的卦象。
「太好了，南征是勢在必行了！」
孝文帝大喜，然而任城王拓跋澄卻說：
「皇上，革卦不見得就好，
南征這件事還是要三思啊！」

孝文帝於是要百官退下，
私底下對拓跋澄說：
「南征只是藉口，
其實我是想要利用南征的機會，
往南遷都到洛陽，
這樣才方便統一南方。」
拓跋澄明白皇帝心意後，便不再反對了。

20

孝文帝於是親自帶領軍隊出發南
征。當時大雨不斷，一路泥濘難行。
到洛陽時，大臣們跪在孝文帝馬前，
廷尉李沖對孝文帝說：「皇上，雨勢
太大，軍隊也已經疲累不堪，請皇
上停止南征，帶領大家回去吧。」

孝_{ㄒㄧㄠˋ}文_{ㄨㄣˊ}帝_{ㄉㄧˋ}說_{ㄕㄨㄛ}：

「此_{ㄘˇ}次_{ㄘˋ}南_{ㄋㄢˊ}征_{ㄓㄥ}勞_{ㄌㄠˊ}師_ㄕ動_{ㄉㄨㄥˋ}眾_{ㄓㄨㄥˋ}，如_{ㄖㄨˊ}果_{ㄍㄨㄛˇ}沒_{ㄇㄟˊ}有_{ㄧㄡˇ}任_{ㄖㄣˋ}何_{ㄏㄜˊ}收_{ㄕㄡ}穫_{ㄏㄨㄛˋ}，
難_{ㄋㄢˊ}以_{ㄧˇ}向_{ㄒㄧㄤˋ}百_{ㄅㄞˇ}姓_{ㄒㄧㄥˋ}交_{ㄐㄧㄠ}代_{ㄉㄞˋ}。既_{ㄐㄧˋ}然_{ㄖㄢˊ}已_{ㄧˇ}經_{ㄐㄧㄥ}到_{ㄉㄠˋ}了_{ㄌㄜ}洛_{ㄌㄨㄛˋ}陽_{ㄧㄤˊ}，
不_{ㄅㄨˋ}如_{ㄖㄨˊ}就_{ㄐㄧㄡˋ}遷_{ㄑㄧㄢ}都_{ㄉㄨ}到_{ㄉㄠˋ}洛_{ㄌㄨㄛˋ}陽_{ㄧㄤˊ}，

這樣此行就不算徒勞無功。
各位大臣，
若是同意我想法的就站到我的左邊，
不同意的站到我的右邊。」

25

大臣們即使內心不願意遷都，
但更不願意繼續南征，
於是只好同意遷都。
而留在都城裡的官員們
聽到南征隊伍傳回的遷都消息，
都很震驚。
在經過拓跋澄的說明、安撫後，
大家才終於接受孝文帝遷都的想法。

27

遷都之後，
孝文帝開始推行漢化政策。
孝文帝要求官員講漢語，
不可講鮮卑語。
李沖聽到後說：
「鮮卑話就是我們的國語，
為什麼要大家改講漢語呢？」
孝文帝生氣得命人抓住李沖，
直至李沖求饒才罷休。

29

有一天，
孝文帝剛好在洛陽街上
看到穿著胡服的女子，
便問：「怎麼還有人穿著胡服？」
拓跋澄解釋穿胡服的人
已經比漢服的人少很多。
孝文帝聽完，
認為官員沒有認真執行漢化政策，
於是下令要求徹底執行。

除了禁胡語、 胡服,
孝文帝為了讓鮮卑族與漢人融合,
把鮮卑族的姓氏都改成漢姓,
例如: 拓跋改成元。
他也鼓勵與漢人通婚,
他自己、 弟弟和兒子
都娶了漢人女子為妻;
他還設立各種學校, 尊崇讚揚孔子。

熱愛漢文化的孝文帝，
對於太子元恂寄予厚望，
希望太子未來也能夠
繼續推動漢化，
所以對太子教養極為重視。
他請了有名的儒學老師來教導太子，
可惜太子一點興趣也沒有，
只想回到北方的故鄉。

當孝文帝正在積極
推動漢化政策時，
朝廷中反對漢化的守舊勢力，
因為不習慣南方的生活，
一心想找機會回到北方。
他們知道太子也不想待在洛陽，
因此趁機煽動太子謀反。

於是太子就趁孝文帝到嵩山巡視時，
帶著自己的人馬反叛，
想回北方建立新政權。
沒想到這件事被孝文帝知道了，
太子因此失敗。
孝文帝非常傷心，
但是考慮到漢化可以帶給國家更多好處，
最後不得已只好賜死了太子。

孝文帝在位期間推行了許多漢化政策，
不僅解決了胡漢衝突的問題，
促進了民族融合，
也讓中華民族的內涵更加豐富。
由於他的遠見，
開啟了後來隋唐胡漢一家、
兼容並蓄的風氣，
也為隋唐的盛世奠下基礎。

北魏孝文帝拓跋宏
民族融合的推手

讀本

原典解說◎林怡君

北魏孝文帝對於中國民族融合做出極大的貢獻，有哪些人影響了他呢？

元恪，是孝文帝的兒子，即北魏宣武帝。孝文帝在他小的時候，想觀察兒子們的志向，發現只有元恪拿了骨頭做成的如意。因此讓孝文帝非常驚訝，認為他有過人的遠大志向。之後元恪繼承皇位，在位初期曾對南朝發動一系列的戰爭，讓北魏的疆域向南大大開拓。

TOP PHOTO

北魏孝文帝

北魏宣武帝

相關的人物

孝文帝（467～499年），本名拓跋宏，後來改姓元，叫元宏。他雖然是鮮卑人，不過非常嚮往漢人文化，不僅把首都從平城遷到洛陽，更努力推動各種漢化政策，像是鼓勵胡人和漢人結婚，下令胡人說漢語、穿漢服、改成漢人的姓氏，對民族融合做出極大的貢獻。上圖是河南省洛陽市麗京門九龍殿中孝文帝的塑像。

文明太皇太后

拓跋澄

文明太皇太后，姓馮，漢人。她是孝文帝的祖母，照顧孝文帝長大。在孝文帝年紀還小時，代替他處理國事，掌握政治大權。太皇太后在這段期間推行了一些漢化的改革，深刻影響了日後孝文帝的漢化政策。她和孝文帝的感情很好，因此在她過世後，孝文帝三年都不喝酒吃肉。

拓跋澄（元澄）是孝文帝宗族中的親戚，因為有美好的儀態和清雅的聲音而受到大家欣賞。孝文帝非常看重他的才幹，認為他是可以輔佐自己創下偉大功業的良臣。在進行遷都洛陽的時候，孝文帝遭受反對，但因為有元澄的支持，最後得以順利遷都。

拓跋勰（元勰）是孝文帝同父異母的弟弟，和孝文帝感情很好，深獲孝文帝的信任。孝文帝晚年生病時，他還親自侍候孝文帝吃藥。孝文帝過世後，他盡心輔佐繼位的宣武帝，因此也打造了宣武帝在位初期的盛世。可惜後來遭到權臣高肇的陷害，含冤而死。

拓跋勰

徐謇

徐謇，字成伯，是北魏時期擁有傑出醫術的醫生。出身醫術世家，與父親徐叔嚮、兄長徐文伯都以精良的醫術聞名於當時。他擅長診脈，孝文帝非常信任他的醫術，經常召喚他為自己和家人看病。孝文帝曾在親自率軍南征，途中生病時，從好幾百里外將徐謇招來為自己治療。

鳩摩羅什

鳩摩羅什，生於西域的龜茲國（今新疆庫車縣），是東晉北方十六國後秦的有名僧人，也是重要的佛經翻譯家。他翻譯的佛經流傳很廣，有助於佛教在中國的發展。因為北魏孝文帝是個虔誠的佛教徒，他曾下令為鳩摩羅什造塔，作為紀念。右圖是在新疆庫車縣克孜爾千佛洞前面的鳩摩羅什塑像。

賢能有為的北魏孝文帝，他的一舉一動總是足以在歷史中畫下深刻的印記。

467 年

北魏孝文帝出生於這一年，五歲時即位，由祖母太皇太后臨朝聽政。孝文帝從小聰慧睿智，太皇太后擔心他親政後會削弱外戚馮氏的勢力，所以並不特別疼愛他，但後來被孝文帝的孝心感動，兩人關係變得非常親近，也一起推動了一連串重要的政治改革。

471 ～ 490 年

孝文帝在位的前半段時期，幾乎大小政事都請教過祖母太皇太后的意見。兩人一起推行了許多重要的政策，例如俸祿制、均田制、三長制，對全國吏治、土地、人口、租稅等各方面，都做了很成功的管理。

490 年

太皇太后馮氏在這一年過世，葬於永固陵。孝文帝嚴守儒家禮節，三年不喝酒吃肉。從這一年開始，孝文帝才真正親自掌管國家大事，推動一系列的漢化政策。例如在遷都之前，他就下令祭祀堯、舜、禹、周文王等古代聖王，並追封孔子為「文聖」。

幼年

少年時期

相關的時間

親自持政

遷都洛陽

493 ～ 495 年

493 年，孝文帝排除保守貴族們的反對，籌備遷都計畫。隔年，洛陽的重建計畫告一段落，便把都城從平城遷至洛陽。次年再將後宮嬪妃與文武百官一併遷至洛陽，接著施行漢化政策，對民族融合做出極大貢獻。北魏孝文帝曾蓋廟祭祀中國著名忠臣比干，右圖是他所撰寫的弔比干文碑，現存於河南新鄉魏輝市比干廟。

太子叛亂

496 ～ 497 年

孝文帝雖然順利遷都,但太子元恂並不支持父親的政策。在反對漢化、遷都的守舊貴族們的支持下,元恂密謀逃回平城,發動叛亂,但叛亂很快就被平息。元恂被不僅被廢除皇位,還被賜死。隔年孝文帝重新立元恪為太子。

多次南征

TOP PHOTO

497 ～ 499 年

北魏孝文帝在 497 ～ 499 年間多次親自南征,和南方的齊國爭奪領土。498 年在南征途中,得知齊明帝逝世的消息,認為「禮不伐喪」,便領兵北還,取消這次征戰。多次南北交戰中,雖然北魏常取得勝利,但終究沒有滅掉南齊。上圖為北魏陶武士俑,可以推想北魏南征軍隊的樣貌。北京國家博物館藏。

病逝

499 年

孝文帝多次長途南征,不堪疲累,因此染上疾病,身體越來越壞。即使如此,他還是抱病奔波於北方朝政和南方戰事。最後,他在這一年病逝於南征路上。

具有宏大眼光的北魏孝文帝，不僅在歷史上留下許多豐功偉業，也留下許多美好事物，供後人遙想當時的盛世光景。

由於佛教信仰中認為建窟造寺、寫經造像可以為人帶來福報，因此中國開始興起佛像藝術，也因此將印度式佛像漸漸轉變成中國式佛像。不同時期建造的佛像，也反映了不同的藝術面貌和風格。而中國佛教造像史的第一個高峰就是北魏時期，北魏孝文帝在太和年間下令開鑿的雲岡石窟尤為代表，一般將此時期的風格稱作「太和式樣」，佛像有典型的「杏眼」，嘴角帶有微笑。左圖為雲岡石窟第五窟的代表佛像。

佛像藝術

相關的事物

佛教是世界三大宗教之一，由古印度的釋迦牟尼所創建，基本教義是解脫眾生於苦難，相信有輪迴。佛教在漢朝時傳入中國，隨著佛經的翻譯以及玄學的興起，在中國越來越流行。北魏孝文帝尤其篤信佛教，甚至為了印度來的僧人建立了少林寺。

佛教

龍門二十品

洛陽伽藍記

北齊楊炫之的《洛陽伽藍記》（「伽藍」是從梵語翻譯過來的詞語，原意是指僧人們的住所），以優美的文筆描述在孝文帝經營下的洛陽城市內的眾多寺院，也為當時城市樣貌、社會政治、風俗習慣、地理歷史留下了紀錄。

因為佛教盛行，北魏建造了許多佛像石窟，以洛陽龍門石窟最為著名。在龍門石窟的佛像中，有些刻有說明建造原因的「造像記」，後人在其中精選出二十種最好的作品，稱作「龍門二十品」。這些造像記中的書法是魏碑書法的精華，其中有些是在為孝文帝歌功頌德與祈福。

在戰爭頻繁的魏晉南北朝中，良馬是戰事中不可或缺的必需品，尤其對位於中國北方的北朝人來說，因為本身是游牧民族的緣故，他們對馬匹的依賴更深。據北魏史書記載，曾有昌亭國獻上蜀地出產的馬匹來對孝文帝朝貢。上圖為內蒙古額爾古納市三河馬科技博物館所收藏的北魏時期畫卷，由圖所示可看出馬在北魏人生活中的重要性。

馬

母死子貴

北魏的宮廷實施母死子貴制度，也就是只要生下太子的女性，就必須被賜死。這是為了避免母以子貴、外戚干政的情況發生。像孝文帝的親生母親是李夫人，她被賜死後，孝文帝就交由文明太后馮氏撫養成人。而文明太后雖然是前任皇后，但因為她沒有生過太子，所以才存活下來。

漢化政策

孝武帝屬於鮮卑族，在遷都後，施行一系列將漢族文化融入鮮卑族的政策。包括：禁止鮮卑人著胡服，改穿漢服；朝廷上禁止說鮮卑語，改說漢語；規定鮮卑貴族在洛陽過世後，不能回平城下葬，並且將他們的籍貫更改為河南洛陽，改鮮卑姓為漢姓；鼓勵鮮卑貴族與漢族貴族通婚。

不論是遷都、鑿窟、或是建寺，北魏孝文帝在在改變了中國的文化景觀，留下令人瞻仰的古蹟。

平城在今山日西省大同市，是北魏前期都城。自從北魏開國皇帝道武帝拓跋珪從盛樂（今內蒙古自治區和林格爾縣北方）遷都到平城，開始興建宮殿，建立社稷，一直到孝文帝遷都到洛陽，北魏總共在平城建都有近百年的歷史，將此地打造成中國北方的政治、經濟和文化中心。

平城

相關的地方

雲岡石窟

TOP PHOTO

北魏文成帝首先命令高僧統曇曜在平城西郊，沿著武州山南側進行雲岡石窟的開鑿工作，主要開鑿了「曇曜五窟」。此後北魏皇帝持續進行開鑿，北魏孝文帝也參與其中。據說第五窟和第六窟是他為了父親和祖母祈福所開鑿的，相當宏偉壯觀。整體而言，雲岡石窟代表了中國北魏時期驚人的佛教藝術成就。

少林寺位於河南省鄭州市登封縣的嵩山上，是北魏孝文帝為了安頓來中國傳揚佛法的西域僧人下令建造的佛寺。少林寺建立後，前來求法的人數達到好幾百人。少林寺也是少林武術的發源地，並因此舉世聞名。右圖為少林寺中的塔林，是唐朝以來少林寺歷代高僧的葬地，也是中國最大的塔林。塔的大小不等，形狀各異，大多都有雕刻和題記，反映了各個時代的建築風格，是研究我國古代磚古建築和雕刻藝術的寶庫。

少林寺

龍門石窟

北魏孝文帝遷都洛陽後，開始在洛陽南郊伊河兩旁的龍門山與香山上開鑿龍門石窟，之後又經過歷代的開鑿。其中最早建成的是古陽洞，而孝文帝之子宣武帝期間開鑿的賓陽中洞是北魏時期的代表作，反映出當時佛教雕像「秀骨清像」的典型特色。

洛陽

洛陽（今河南省洛陽市）位於洛水之北，古代稱山的南方、水的北方為「陽」，所以名為「洛陽」。從夏、商、周一直到西晉，洛陽始終是歷代的都城。但西晉末年歷經八王之亂、永嘉之亂，以及五胡亂華，洛陽遭到重大破壞，幾乎成為廢墟。直到北魏孝文帝從平城遷都到洛陽時，才重建洛陽，恢復其往日光彩，也為後來的隋、唐帝都建立基礎。

比干廟

永固陵

永固陵是北魏馮太皇太后的陵墓，位於山西省大同市北方西寺兒梁山（古稱方山）南嶺。馮太皇太后生前曾和北魏孝文帝一起到方山遊覽，喜歡這裡的風景，決定以此為自己的墓地。因此孝文帝為馮太皇太后在此興建墓陵，在她逝世後，便下葬於此。

比干廟位於河南省新鄉縣，是中國典型的廟墓合一建築群。比干是商朝忠臣，因為忠言勸諫而被紂王剖心。北魏孝文帝由於仰慕漢文化，建廟悼祭他的忠心。雖然現存的建築是明朝重建的，但保留了孝文帝為比干寫的紀念碑文。

孝文帝

鮮卑族是古代中國北方的游牧民族之一，十分驍勇善戰。東漢末年，匈奴勢力削減，鮮卑取而代之，成為匈奴之後中國北方最強大的民族。在西晉滅亡後，鮮卑族和其他外族（匈奴、羯、氐、羌）紛紛南下在中原建立政權。但是這些國家的壽命都很短，最多不過五十多年，有的甚至只有兩年。之後鮮卑族陸續殲滅了其他各族，終於統一北方，建立了北魏王朝，和在南方的南朝宋政權相抗衡。

鮮卑人可以在「馬上」統一北方，卻無法用「馬上」統治全中國。鮮卑族人的草原部落文化和版圖大、人口多的漢族社會，截然不同，而且鮮卑族也沒有統治漢人的經驗。兩個民族的文化差異甚大，若想統領漢族人民，就不得不從漢人的文化中吸取所需的經驗，例如：農業、服飾、社會制度。但是北魏在建國初期抱著征服者的優越心態，無法放棄自身的文化，所以統治者所

雅好讀書，手不釋卷。五經之義，覽之便講，學不師受，探其精奧。史傳百家，無不該涉。善談莊老，尤精釋義。 ——《魏書‧高祖紀》

採取的統治方式是「胡漢雜糅」，也就是在保留鮮卑族文化的前提下，加入漢族文化。這樣的統治方式到了北魏孝文帝時，有了極大的轉變，他徹底放棄了自身的文化，讓自己融入到漢文化中，並大力推動「漢化」政策。

由於受到馮太后的薰陶，孝文帝對於儒學頗有興趣。他非常喜歡讀書，「詩、書、禮、易、春秋」，只要拿在手裡，就能說出其中的道理，就算沒有老師的指導，也能明白字裡行間的精妙與意義。他閱讀的範圍很廣泛，各朝歷史、各家學說，他都有所涉略；就連哲學思想，他也很有興趣，一般人難以理解的老子、莊子，他都能夠了解其中的玄妙思想。

擁有濃厚漢學素養的孝文帝親政後，延續了馮太后推動漢化政策的策略。因為他明白漢化政策不僅可以鞏固北魏的政權，還可以讓鮮卑民族成長，讓胡漢之間得以融合。

崤函帝宅，河洛王里，因茲大舉，光宅中原。

— 《魏書‧任城王傳》

　　北魏初期「胡漢雜糅」的做法，到後來逐漸產生了漢人士官和鮮卑貴族的政治衝突與矛盾。因此孝文帝的遷都政策，是為了試圖解決胡漢間的矛盾所採取的作法。此舉為北魏投下了震撼彈，也為北魏的文化帶來全新的衝擊。

　　「遷都洛陽」是孝文帝所推動的第一個漢化政策，同時也是最具影響性的政策。因為他發現，必須真正得到漢人的接納和認同，才能實現永續經營中原，成為華夏共主的夢想。

　　北魏原本的首都平城是保守勢力的中心，保守勢力還堅信著用「武力」來統治漢民族的舊思想，這對於想革新的孝文帝當然是一大阻力。因此孝文帝確信，想要改革就必須脫離平城，才能和守舊勢力做切割。所以他才會說，如果想要推動漢化，就必須離開平城這個用武之地。

孝文帝曾在巡視洛陽城時，看見洛陽城毀壞的模樣，因而產生思古幽情。他認為只有洛陽這個周、漢、魏、晉以來，富有中國傳統文化的古都，才能實現他將漢文化融入鮮卑族的理想。崇尚儒學，親自祭拜孔子、比干的孝文帝，想要讓自己塑造成華夏歷史正統繼承者，如果能在洛陽定都，那就更加強了他的正統地位。

　　平城的地理位置不夠好，沒有運河通過，氣候寒冷，風沙又大，常發生乾旱，和位處中原地區農業發達的洛陽相比，自然不具優勢。當時北魏又經常受到柔然的威脅，將首都南遷，可和柔然保持一定距離，使首都不易受到侵擾；南方則有南齊，如果把朝廷整個搬到洛陽，不只交通便利，容易獲得補給，甚至能進而併吞南齊。所以，遷都洛陽可以說是同時達到政治與經濟的雙重目的。基於上述種種考量，孝文帝於是大刀闊斧的進行遷都政策。

馮太后

　　馮太后是長安人，據說出生時帶著神異的光芒。父親馮朗是北燕皇族的後代，最後投降於北魏，被封為掌管秦、雍二州的刺史。但是後來叔叔馮邈受到叛亂案件牽連，皇帝下令誅殺馮家，使得整個家族都面臨了殺身之禍。

　　幸好當時北魏有個慣例，年幼的女孩，如果入宮作為奴僕，就可免於死罪。馮太后的姑姑是當時皇帝的左昭儀，所以馮太后為了避難而入宮後，姑姑就把她留在身邊照顧。因此她不用去做奴僕的工作，反而受到良好的教養。姑姑用漢族傳統文化教育教導她，奠定了她厚實的漢文化底子，使她成為一個知書達禮的人。

　　十四歲時，她被文成帝選為貴人，後來成為皇后。北魏宮中有個規則，凡是后妃生下的孩子一旦被立為太子，生母都要賜死，避免母以子貴，干預朝政。所以，太子的生母被殺後，就由皇后輔育

文成文明皇后馮氏，長樂信都人也。父朗，秦、雍二州刺史、西城郡公，母樂浪王氏。后生於長安，有神光之異　——《魏書‧文成文明皇后傳》

太子。因為這個規範，馮太后曾經三次輔育太子，一次是輔育獻文帝，一次是輔育孝文帝，另一次是輔育元恂。雖然不是自己親生的孩子，但是在教養時，她都不遺餘力。其中對孝文帝的教養，更是特別用心。

她以漢族的傳統教育來教導孝文帝，甚至寫了「勸戒歌」三百多篇及「皇誥」十八篇，來教導孝文帝，讓孝文帝明白，如何成為一位人民愛戴的好皇帝，將孝文帝塑造為深富漢學修養的皇帝。

不像南朝女子的小家碧玉，在家主內的模式；北朝女子常有不讓鬚眉之勢，女子持家，為丈夫、兒子打點在外的大小事，是常有的事。因此，同時擁有漢人血統，和北朝女子性格的馮太后，才能在臨朝聽政的過程中，主導了改革政策，為孝文帝後來推動漢化政策奠定了基礎。

承明元年，尊曰太皇太后，復臨朝聽政。太后性聰達，
自入宮掖，粗學書計。及登尊極，省決萬機
　——《魏書·文成文明皇后傳》

　　馮太后起初心中理想的太子人選並不是孝文帝，在孝文帝登基
之後，她極力想廢除孝文帝的皇帝資格，改立孝文帝的弟弟元禧為
帝。幸好大臣元丕、穆泰和李沖力勸太后，才阻止這次的廢帝事件。

　　即使不受馮太后的喜愛，但是孝文帝仍然對馮太后非常孝順。
有次馮太后因為某個宦官說了孝文帝的壞話，而打了孝文帝數十
杖，孝文帝沒有為自己解釋，也沒有抱怨，直到馮太后死後，孝文
帝也不曾提及、追究這件事。

　　還有一次馮太后在喝粥，居然在粥裡舀到了一隻小壁虎，孝文
帝在一旁看見了非常生氣，想要重重責罰遞粥服侍的宦官，但是馮
太后卻不以為意。從這些細微的小事就可看出，孝文帝

對馮太后是十分在乎、順服的。

孝文帝即位時才五歲，年紀甚小，當然不可能處理政事，馮太后於是開始臨朝聽政，處理政事。受過漢學教養的馮太后，聰明伶俐，她明白若想以管理草原部落的方式，來統治民情風俗都與鮮卑族不同的漢人社會，是難有成效的。馮太后認為，移風易俗、施行漢化政策是統治大中國及維護政權的不二手段。因此在掌政期間，下令開始推行漢化。她參考漢人的制度，實施官吏俸祿制、均田制、三長制、租調制；運用漢文化的統治方法，任用漢人為官，尊崇漢學，以獲得漢人士族的認同，促進胡漢融合。

在馮太后臨政期間，個性孝順又謹慎的孝文帝，對於太后的決策，總是細心觀察、虛心學習。孝文帝看見這些由馮太后主導的漢化政策的施行，漸漸幫北魏導向更穩定的局面，耳濡目染之下，他從馮太后身上學習到如何處理政事的智慧，也強化了他想全面推動漢化政策的想法。

拓跋澄

　　拓跋澄論輩分是孝文帝的堂叔，實際上他和孝文帝年紀相當，既是孝文帝的長輩，又是孝文帝的能臣。他被封為任城王，也深受漢文化的影響。曾經有使者看見拓跋澄時，發現他不但風度翩翩，還能說出字正腔圓的漢語，覺得非常驚訝。北魏這些皇族後代在宮廷中漢文化的薰陶下，變得溫文儒雅，更成為孝文帝日後推動漢化政策的左右手。

　　孝文帝當時想要假借南征之名，行遷都之實時，曾經找來太常卿卜卦，卜出「革掛」。革掛象徵變革，孝文帝認為這是「順天應人」之卦，代表南征一事可行，因此非常開心。這時，拓跋澄立刻對孝文帝說：「革是改變的意思，代表將改變君臣的命運。從前商湯和周武王卜到這個卦，的確代表是吉利的。但是現在皇上您要卜的是南征一事，這跟商湯、周武王的情況完全不同，當然就不能直接認

既至代都，眾聞遷詔，莫不驚駭。澄援引今古，徐以曉之，眾乃開伏。——《魏書·任城王傳》

為這個卦象就是吉利的！」孝文帝聽完之後非常生氣，對拓跋澄說：「國家是我的國家，照你這樣說，是想要破壞我的大事嗎？」拓跋澄反駁說：「國家的確是皇上的，但我是國家之臣，明明知道用兵危險，怎能可以假裝不知道，而不告訴皇上呢！」

　　直到後來，孝文帝才私下和拓跋澄說明自己實際上是想要遷都而非南征，拓跋澄理解了孝文帝的想法並表示贊同。只是孝文帝擔心，遷都的計畫可能無法獲得其他大臣認同。後來拓跋澄回到平城，傳達了孝文帝想定都洛陽的計畫，並且說服北方的保守勢力，雖然起初大家聽到要遷都，都感到緊張不安，但是，拓跋澄慢慢說服大家，大家終究是誠服接受了。如果沒有拓跋澄，孝文帝的遷都大業，相信不會那麼順利的付諸實行。由此可見拓跋澄在孝文帝心中的分量與重要性。

我任城可謂社稷臣也，尋其罪案，正復皋陶斷獄，豈能過之。——《魏書·任城王傳》

　　孝文帝的太子元恂因為不習慣遷都後的生活，發動叛亂被廢除太子地位之後，守舊勢力依舊沒有放棄想回平城的心願。恒州刺史穆泰想要推舉朔州刺史元頤為首，進行謀反叛亂。元頤為了不打草驚蛇，表面上他假裝答應，私底下則趕緊告訴孝文帝這件事。

　　孝文帝知道後，去找拓跋澄徵詢意見。他告訴拓跋澄自己的擔憂：「我們才遷都不久，守舊勢力一直沒有放棄回平城的想法，如果他們叛亂成功了，那麼洛陽城也保不住了。這是攸關國家存亡的大事，這件事非你不可了。」聽到孝文帝這麼說，臥病在床的拓跋澄當然義不容辭，他說：「皇上請不要擔心，我一定盡力平定這場

紛亂。」

　　拓跋澄果然不負所託，將所有企圖叛亂的官員捉拿到案，並把他們關在監牢裡。後來他將事件寫成表章，把處理的情況一一稟告孝文帝。孝文帝後來詢問獄中的罪犯，是否有冤屈？沒想到，竟然沒有人説自己是被冤枉的。孝文帝因此大大稱許了拓跋澄一番，認為拓拔澄是北魏的棟梁，鞏固朝廷最重要的臣子，甚至還讚譽拓跋澄比古代掌管司法刑獄的皋陶更勝一籌。

　　馮太后曾經讚揚過拓跋澄，認為他氣宇軒昂、神采煥發，還預見他會是皇族中出類拔萃的人。果然，拓跋澄成為孝文帝的得力助手，不管是遷都洛陽，或是平定守舊勢力的叛亂，拓跋澄都功不可沒。甚至到孝文帝臨終前，還任命拓跋澄為顧命大臣，要好好輔佐之後的皇帝，拓拔澄可説是孝文帝進行漢化政策中最不可缺的一塊基石。

元恂

「太子正則皇家慶」，孝文帝為了讓太子元恂成為一個知書達禮、具有文化內涵的人，聘請當時對經學最有研究的學者來當他的老師，希望在儒家文化的薰陶下，可以讓他成為具有儒家風範的君主。只可惜，元恂對讀書興趣缺缺，一心嚮往北方家鄉的草原生活。

孝文帝遷都洛陽後，元恂始終對平城的生活念念不忘，體態肥胖的他，總覺得中原的氣候太熱，總有水土不服的情況。對於來自大興安嶺苦寒之地的鮮卑族人，洛陽的夏天實在讓人難以承受。為了應付酷暑，他們還在洛陽城裡蓋了藏冰室降溫。但是，藏冰室只能暫緩「炎熱」問題，不能解決「炎熱」問題。於是有些官員冬天居住在洛陽，夏天則回到平城，如同雁子一般，依氣候遷徙，而這麼做的官員，多半是老一派的守舊勢力。

這些守舊勢力還眷戀著鮮卑族的習俗，認為鮮卑族之所以能入主中原就是因為有勇武之氣。而且如果改變原有的生活方式，過去

恂不好書學，體貌肥大，深忌河洛暑熱，意每追樂北方。中庶子高道悅數苦言致諫，恂甚銜之。

——《魏書‧廢太子恂傳》

驍勇善戰的能力都會跟著消失，不但不能統治漢人，還有可能被漢人同化。為了維持「征服者的優越感」，他們不但反對漢化，更反對遷都。

反對勢力發現元恂也有水土不服的情況，便藉機煽動元恂，鼓吹他回到平城建立自己的王朝。禁不起煽動的元恂，趁著父親到嵩山巡視時，帶著騎兵準備逃往平城。他的老師高道悅一發現這件事情，立刻勸阻元恂。只是元恂這時再也聽不下任何規勸，於是他拔出長劍，向老師揮了過去。這一刀看似除掉了絆腳石，其實卻是把自己推向叛亂罪名的深淵。

沒想到，元恂才剛到達城門就被攔了下來，這場叛亂也立刻被平定。守舊派勢力發展，雖然遇到了阻撓，但卻沒有停止發展，他們成為北魏內亂的因子，使得北魏國勢終將面臨衰弱、分裂的命運。

乃廢為庶人，置之河陽，以兵守之，服食所供，粗免飢寒而已。恂在困躓，頗知咎悔，恒讀佛經，禮拜歸心於善。 ——《魏書·廢太子恂傳》

　　元恂這次的叛亂行動，徹底傷了孝文帝的心，即使有大臣和他的老師願意摘下烏紗帽為元恂求情，孝文帝還是決定大義滅親。因為孝文帝明白，元恂這次的行動和北方的守舊勢力的立場是一致的。這個勢力只要不滅，北魏就會陷入分裂的危機，殃及國本。而馮太后和孝文帝一直以來費心在鮮卑文化中融入的漢、儒文化，很可能會蕩然無存。所以，為了大局考量，孝文帝不得不廢除元恂的太子身分。

　　元恂被廢為庶人後，孝文帝把他安置在河陽，日夜派兵看守他。元恂失去了當太子時的榮華富貴、錦衣玉食，在軟禁的期間，他的衣著僅能禦寒，而所吃的東西更是粗陋，只能止飢而已。這時候的元恂轉而潛心向佛，常常都在閱讀佛經。他十分的後悔、愧疚，一心痛改前非。原本他應該可免於一死，就這樣好好的度過餘生。

但是後來他被密報仍然偷偷網羅守舊勢力想要除掉孝文帝，自立為王。孝文帝對元恂再一次深深失望，他決定賜毒酒給元恂。而元恂死的那年才十五歲。元恂死後，孝文帝沒有用皇室的儀式將他下葬，只用極為普通、簡單的方式把他埋葬在河陽。

孝文帝後來立了元恪為太子，元恪和元恂性格截然不同，他受漢化的程度較深，也喜愛看書，符合孝文帝心目中對理想的君王的期待。

孝文帝漢化政策的改革深度和廣度都是歷史上罕見的。也因為這些政策，減少了胡漢之間的差異，讓胡漢能從生活方式、意識形態到婚姻生活都不再有隔閡。只是，為了實現自己理想成為正統的華夏君王，孝文帝放棄了自己的文化傳統，甚至犧牲了自己兒子的生命，意外造成了拓跋家族的悲劇，這必定是他始料未及的。然而這也突顯出他改革鮮卑文化，努力推動漢化，企圖德治天下的思想與決心。

67

當孝文帝的朋友

　　來自游牧民族的孝文帝，不像自古以來其他嘗試進關統治中原的少數民族，多是以武力侵略，企圖控制中原王朝，而是採用了兼容並蓄的文化融合政策。

　　儘管孝文帝的血管裡流淌著的是鮮卑族的血液，他卻少了點慓悍性子。了解他的人都知道，慈悲寬容的孝文帝很少為了小事動怒，對馮太后更是出了名的孝順。從小在漢文化的薰陶與教育下成長的他，認為蠻橫打殺不是重點，透過文治禮教才能與漢人和平相處。此外，他還想出了「漢化政策」來促進民族的融合。雖然受到同族人的強烈反對，但是，孝文帝還是堅持己見，率領鮮卑族主動學習漢民族的文化。高瞻遠矚的孝文帝，富有遠見，他為了開拓北魏的江山，不惜南征中原，接納漢族，認同漢文化。

　　孝文帝在那樣的時空背景裡開啟先例，想到只有民族融合才能開拓北魏王朝的格局。作為一個先行者，面臨的難題總是很多，他必須去思考怎麼去解決問題，怎麼讓大臣百姓信服自己，怎麼才能在重重困難裡過關斬將。想要獲得成功，並不是只有努力而已，可能還必須犧牲小我，才能完成大我。就像孝文帝一樣，為了大方向的利益，有時不得不捨棄舊俗，還要大義滅親。但考慮到民族的發展與融合，只能更加據理力爭，一心一意為創造太平盛世而努力。

　　如果今天你是一位領導者，要帶領團隊改頭換面，要怎麼使他人接受新觀點呢？此時孝文帝就是一個值得學習借鑑的對象。跟他成為朋友，不僅讓你更清楚目標與方向，從他的身上，你還可以學到收服人心的好方法，以及認清目標就努力邁進的執行力，相信你也能成為像孝文帝一樣出色的領導人才。

我是大導演

看完了孝文帝的故事之後，
現在換你當導演。
請利用紅圈裡面的主題（游牧），
參考白圈裡的例子（例如：騎馬），
發揮你的聯想力，
在剩下的三個白圈中填入相關的詞語，
並利用這些詞語畫出一幅圖。

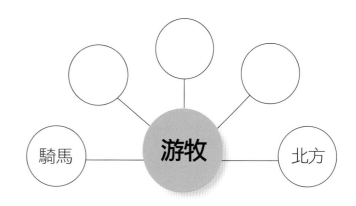

◎ 少年是人生開始的階段。因此，少年也是人生最適合閱讀經典的時候。

因為，這個時候讀經典，可以為將來的人生旅程準備豐厚的資糧。

因為，這個時候讀經典，可以用輕鬆的心情探索其中壯麗的天地。

◎ 【經典少年遊】，每一種書，都包括兩個部分：「繪本」和「讀本」。

繪本在前，是感性的、圖像的，透過動人的故事，來描述這本經典最核心的精神。

小學低年級的孩子，自己就可以閱讀。

讀本在後，是理性的、文字的，透過對原典的分析與說明，讓讀者掌握這本經典最珍貴的知識。

小學生可以自己閱讀，或者，也適合由家長陪讀，提供輔助說明。

001 黃帝　遠古部落的共主
The Yellow Emperor:The Chieftain of Ancient Tribes

故事／陳昇群　原典解說／陳昇群　繪圖／BIG FACE

遠古的黃河流域，衰弱的炎帝，無法平息各部族的爭戰。在一片討伐、互鬥的混亂局勢裡，有個天生神異，默默修養自己的人，正準備崛起。他，就是中華民族共同的祖先，黃帝。

002 周成王姬誦　施行禮樂的天子
Ch'eng of Chou:The Establishment of Chinese Etiquette

故事／姜子安　原典解說／姜子安　繪圖／簡漢平

年幼即位的周成王，懷抱著父親武王與叔叔周公的期待，與之後繼位的康王，一同開創了「成康之治」。他奠定了西周的強盛，開啟了五十多年的治世。什麼刑罰都不需要，天下無事，安寧祥和。

003 秦始皇　野心勃勃的始皇帝
Ch'in Shih Huang:The First Emperor of China

故事／林怡君　原典解說／林怡君　繪圖／LucKy wei

綿延萬里的長城、浩蕩雄壯的兵馬俑，已成絕響的阿房宮……這些遺留下來的秦朝文物，代表的正是秦始皇的雄心壯志。但是風光的盛世下，卻是秦始皇實行暴政的證據。他在統一中國時，也斷送了秦朝的前程。

004 漢高祖劉邦　平民皇帝第一人
Kao-tsu of Han:The First Peasant Emperor

故事／姜子安　故事／姜子安　繪圖／林家棟

他是中國第一個由平民出身的皇帝，為什麼那麼多人都願意為他捨身賣命？憑什麼他能和西楚霸王項羽互爭天下？劉邦是如何在亂世中崛起，打敗項羽，成為漢朝的開國皇帝？

005 王莽　爭議的改革者
Wang Mang:The Controversial Reformer

故事／岑澎維　原典解說／岑澎維　繪圖／鍾昭弋

臣民都稱呼他為「攝皇帝」。因為他的實權大大勝過君王。別以為這樣王莽就滿足了，他覬覦的可是真正的君王寶位。於是他奪取王位，一手打造全新的王朝。他的內心曾裝滿美好的願景，只可惜最終變成空談。

006 北魏孝文帝拓跋宏　民族融合的推手
T'o-pa Hung:The Champion of Ethnic Melting

故事／林怡君　原典解說／林怡君　繪圖／江長芳

孝文帝來自北魏王朝，卻嚮往南方。他最熱愛漢文化，想盡辦法要讓胡漢兩族的隔閡減少。他超越了時空的限制，不同於一般君主的獨裁專制，他的深思遠見、慈悲寬容，指引了一條民族融合的美好道路。

007 隋煬帝楊廣　揮霍無度的昏君
Yang of Sui:The Extravagant Tyrant

故事／劉思源　原典解說／劉思源　繪圖／榮馬

楊廣從哥哥的手上奪走王位，成為隋煬帝。他也從一個父母眼中溫和謙恭的青年，轉而成為嚴格殘酷的帝王。這個任意妄為的皇帝，斷送了隋朝的未來，留下昭彰的惡名，卻也樹立影響後世的功績。

008 武則天　中國第一女皇帝
Wu Tse-t'ien:The only Empress of China

故事／呂淑敏　原典解說／呂淑敏　繪圖／麥震東

她不只想當中國第一個女皇帝，她還想開創自己的朝代，把自己的名字深深的刻在歷史的石碑上。她還想改革政治，找出更多人才為國家服務。她的膽識、聰明與自信，讓她註定留名青史，留下褒貶不一的評價。

◎ 【經典少年遊】，我們先出版一百種中國經典，共分八個主題系列：

詩詞曲、思想與哲學、小說與故事、人物傳記、歷史、探險與地理、生活與素養、科技。

每一個主題系列，都按時間順序來選擇代表性的經典書種。

◎ 每一個主題系列，我們都邀請相關的專家學者擔任編輯顧問，提供從選題到內容的建議與指導。

我們希望：孩子讀完一個系列，可以掌握這個主題的完整體系。讀完八個不同主題的系列，

可以不但對中國文化有多面向的認識，更可以體會跨界閱讀的樂趣，享受知識跨界激盪的樂趣。

◎ 如果說，歷史累積下來的經典形成了壯麗的山河，那麼【經典少年遊】就是希望我們每個人

都趁著年少，探索四面八方，拓展眼界，體會山河之美，建構自己的知識體系。

少年需要遊經典。

經典需要少年遊。

009 唐玄宗李隆基　盛唐轉衰的關鍵
Hsuan-tsung of T'ang:The Decline of the T'ang Dynasty

故事／呂淑敏　原典解說／呂淑敏　繪圖／游峻軒

他開疆闢土，安內攘外。他同時也多才多藝，愛好藝術音樂，還能譜曲演戲。他就是締造開元盛世的唐玄宗。他創造了盛唐的宏圖，卻也成為國勢衰敗的關鍵。從意氣風發，到倉皇逃難，這就是唐玄宗曲折的一生。

010 宋太祖趙匡胤　重文輕武的軍人皇帝
T'ai-tsu of Sung:The General-turned-Scholar Emperor

故事／林哲璋　原典解說／林哲璋　繪圖／劉育琪

從黃袍加身到杯酒釋兵權，趙匡胤抓準了時機，從軍人成為實權在握的開國皇帝。眼見藩鎮割據的五代亂象，他重用文人，集權中央。他開啟了和平的大宋時期，卻也為之後的宋朝埋下被外族侵犯的隱憂。

011 宋徽宗趙佶　誤國的書畫皇帝
Hui-tsung of Sung:The Tragic Artist Emperor

故事／林哲璋　原典解說／林哲璋　繪圖／林心雁

他不是塊當皇帝的料，玩物喪志的他寧願拱手讓位給敵國，只求能夠保全藝術珍藏。宋徽宗的多才多藝，以及他的極致享樂主義，都為我們演示了一個富有人格魅力，一段充滿人文氣息的小品集。

012 元世祖忽必烈　草原上的帝國霸主
Kublai Khan:The Great Khan of Mongolia

故事／林安德　原典解說／林安德　繪圖／AU

忽必烈——草原上的霸主！他剽悍但不霸道，他聰明而又包容。他能細心體察冤屈，揚善罰惡；他還珍惜人才，廣聽建言。他有著開闊的胸襟和寬廣的視野，這個馳騁草原的霸主，從馬上建立起一塊遼遠的帝國！

013 明太祖朱元璋　嚴厲的集權君王
Hongwu Emperor:The Harsh Totalitarian

故事／林安德　原典解說／林安德　繪圖／顧珮仙

從一個貧苦的農家子弟，到萬人臣服的皇帝，朱元璋是怎麼辦到的？他結束了亂世，將飽受戰亂的國家，開創另一個新局？為什麼歷史評價如此兩極，既受人推崇，又遭人詬病，究竟他是一個好皇帝還是壞皇帝呢？

014 清太祖努爾哈赤　滿清的奠基者
Nurhaci:The Founder of the Ch'ing Dynasty

故事／李光福　原典解說／李光福　繪圖／蘇偉宇

要理解輝煌的清朝，就不能不知道為清朝建立基礎的努爾哈赤。他在明朝的威脅下，統一女真部落，建立後金。當他在位時期，雖然無法成功消滅明朝，但是他的後人創立了清朝，為中國歷史開啟了新的一頁。

015 清高宗乾隆　盛世的十全老人
Ch'ien-lung:The Great Emperor of the Golden Age

故事／李光福　原典解說／李光福　繪圖／唐克杰

乾隆在位時期被稱為「康雍乾盛世」，然而他一方面大興文字獄，一方面還驕傲的想展現豐功偉業，最終讓清朝國勢日漸走下坡。乾隆讓我們看到了輝煌與鼎盛，也讓我們看到盛世下的陰影，日後的敗因。

經典
少年遊

youth.classicsnow.net

006
北魏孝文帝拓跋宏　民族融合的推手
T'o-pa Hung
The Champion of Ethnic Melting

編輯顧問（姓名筆劃序）
王安憶　王汎森　江曉原　李歐梵　郝譽翔　陳平原
張隆溪　張臨生　葉嘉瑩　葛兆光　葛劍雄　鄭培凱

故事：林怡君
原典解說：林怡君
繪圖：江長芳
人時事地：李佩璇

編輯：張瑜珊 張瓊文 鄧芳喬
美術設計：張士勇
美術編輯：顏一立
校對：陳佩伶

企畫：網路與書股份有限公司
出版者：大塊文化出版股份有限公司
台北市10550南京東路四段25號11樓
www.locuspublishing.com
讀者服務專線：0800-006689
TEL：+886-2-87123898
FAX：+886-2-87123897
郵撥帳號：18955675
戶名：大塊文化出版股份有限公司
法律顧問：全理法律事務所董安丹律師

總經銷：大和書報圖書股份有限公司
地址：新北市新莊區五工五路2號
TEL：+886-2-8990-2588
FAX：+886-2-2290-1658
製版：沈氏藝術印刷股份有限公司

初版一刷：2013年1月
定價：新台幣299元